menos é
mais

CB073241

PADRE MARCELO ROSSI

menos é *mais*

**REFLEXÕES
EM POUCAS
PALAVRAS**

 Planeta

Copyright © Marcelo Rossi, 2021
Copyright © Editora Planeta do Brasil, 2021
Todos os direitos reservados.

Organização de conteúdo: Luiz Cesar Pimentel
Preparação: Diego Franco Gonçalves
Revisão: Nine Editorial e Fernanda França
Projeto gráfico de miolo: José Rodolfo Arantes
Diagramação: Márcia Matos
Capa: Rafael Brum

Dados Internacionais de Catalogação na Publicação (CIP)
Angélica Ilacqua CRB-8/7057

Rossi, Marcelo
    Menos é mais: reflexões em poucas palavras / Padre Marcelo Rossi. – São Paulo: Planeta, 2021.
    160 p.

    ISBN 978-65-5535-548-2

    1. Mensagens 2. Reflexões 3. Palavras de Deus I. Título

21-4611   CDD 248.4

Índice para catálogo sistemático:
1. Mensagens cristãs

MISTO
Proveniente de
fontes responsáveis
FSC® C005648

Ao escolher este livro, você está apoiando o manejo responsável das florestas do mundo

2023
Todos os direitos desta edição reservados à
Editora Planeta do Brasil Ltda.
Rua Bela Cintra, 986 – 4º andar – Consolação
01415-002 – São Paulo-SP
www.planetadelivros.com.br
faleconosco@editoraplaneta.com.br

Aquele que carrega o Pai no coração tem paz. Não significa que a pessoa não vai sofrer. Todos nós sofremos. O próprio Cristo sofreu, então, quem está imune ao sentimento? Só que esse mesmo sofrimento é diminuído proporcionalmente à fé da pessoa, que opera milagres. Lembre-se sempre de que você que tem fé pode e vai superar todos os obstáculos.

Nesta sociedade em que tudo é imediato, nos esquecemos das gentilezas. Repare como, no ônibus, as pessoas não cedem mais seus lugares para mulheres ou idosos. Como exigiremos uma sociedade mais amorosa se nos recusamos a olhar o próximo com amor?

Você não escolheu pai, mãe, irmãos ou o restante da família. Mas escolhe amigos, marido, esposa. Lembre-se de que, independentemente da escolha, todos são parte da sua grande família, que é provida pelo Pai. Assim, trate todos com o mesmo amor, pois são igualmente presentes divinos.

Ninguém é descartável. É importante lembrarmos disso, por vivermos em um mundo em que tudo é facilmente dispensável. No namoro, por exemplo, que antecede o casamento, não é por ser uma situação em que não existe a certeza de ser definitiva que devemos tratar com menor importância. Há que se lembrar de que você é único e especial, assim como todas as outras pessoas envolvidas.

Um prazer enorme que tenho ao celebrar casamentos é orar para que os noivos sejam pais de comprovada virtude e que possam ver nascer os filhos de seus filhos. Que privilégio ser e ter avós.

São Paulo nos diz muito sabiamente em sua carta aos Coríntios (4,17) para que entendamos nosso passado: "[...] os nossos sofrimentos momentâneos estão produzindo para nós uma glória eterna que pesa mais do que todos eles". Quando digo isso não é masoquismo, mas, sim, uma mensagem de sabedoria.

Provações, quem não as enfrenta? Pensemos nas maiores, como a perda de um ente querido. Ou mesmo nas menores, como intrigas no ambiente de trabalho. Pois é nessas horas que separamos o que possui valor do que pode e deve ser afastado. É nessas horas que entendemos a diferença entre amigo e colega, de trabalho ou de vida. Portanto, observe e selecione quem são as pessoas com quem você pode contar na vida.

No Deus eterno, passado, presente e futuro se encontram. Rezo, assim, pelos nossos antepassados, pelos nossos sucessores e pelos que estão presentes em nossa vida. Todos são, foram e serão filhos do mesmo Deus bondoso. Honre igualmente os seus.

Um amigo ficou desempregado durante um período, e eu só soube depois que ele quase chegou a tirar a própria vida. Pense nisso: uma vida por um emprego. O que trouxe serenidade e acalmou a mente e o coração desse amigo foi ter conhecido a palavra de Deus. Nela, meu amigo encontrou a força necessária para entender que vivia apenas uma fase, mas que a glória do Pai é eterna. Pense nisso todas as vezes que passar por um momento difícil em sua vida.

Você está passando por uma provação? Então faço uma proposta: pense nela como uma escada, e não como uma barreira difícil ou insuperável. As provações podem levar a duas condições: ao fundo do poço ou a um andar acima daquele que você conhece. E lembre-se de que toda subida o coloca mais perto do Céu.

Em tempos tão difíceis, como este em que vivemos, ouçamos a palavra de Deus escrita pelo apóstolo São Paulo em Romanos 8,1: "[...] já não existe nenhuma condenação para as pessoas que estão unidas com Cristo Jesus". O que o Senhor nos diz é que todo aquele que está em Jesus vive para sempre livre. Nenhum filho do Senhor é escravo e provação alguma tocará quem crê. Lembre-se disso não apenas nos tempos difíceis, mas sempre.

Jesus caiu três vezes durante a Via-Sacra. Muitas vezes encontro pessoas que caíram pela segunda vez por causa do mesmo pecado e não se permitem o perdão. Pois na condição de sacerdote eu peço que aceitem o perdão do Pai. Levantem-se e sigam em frente.

Se você está lendo este texto em um lugar em que pode se ajoelhar, faça isso agora, por favor. Se você não puder, peço que entre em oração comigo. Diga: "Senhor, eu O aceito como meu único salvador pessoal". Sinta o toque do Pai em sua alma. Peça: "Toque-me, Senhor". Repita-o de olhos fechados e receba a graça divina.

Lembra-se do que Jesus falou sobre as crianças e anjos? Pois eu refresco sua memória recorrendo ao Evangelho de São Mateus (18,10): "Cuidado, não desprezem nenhum desses pequeninos! Eu afirmo a vocês que os anjos deles estão sempre na presença do meu Pai, que está no Céu". Esse é o cuidado que Deus pede que tenhamos com as crianças.

Confundimos, muitas vezes, educação com repreensão ou castigos. Não digo para ignorar limites, principalmente na educação das crianças, mas para que o princípio básico seja a educação na fé e no amor. Tudo advém disso. Ao agir dessa forma, você vai além de educador – passa a ser evangelizador.

Na fé, você se entrega como uma criancinha. Já viu duas crianças brigarem? Em um momento elas estão chorando e minutos depois estão brincando como se nada tivesse acontecido. Elas sabem que o que importa é o amor. Infelizmente, a maioria de nós perde essa noção com o tempo. Quando você sabe o valor real das coisas, possui a fé necessária para ter convicção de que Deus não deixará que nada de importante falte na sua vida.

Sem Deus, não somos nada. Com Deus, tudo podemos. Grave essas afirmações, já que elas reforçam o que nos deixou São Paulo ao dizer: "Com a força que Cristo me dá, posso enfrentar qualquer situação" (Fp 4,13). "Tudo posso naquele que me fortalece" não significa que tudo é permitido se você tiver fé no Senhor, mas que tudo é possível para quem tem Cristo no coração.

A partir do momento em que me deixo amar por Deus, toda frustração vai embora. Qualquer que seja o seu sonho, lembre-se sempre do que São Paulo escreveu em Romanos 8,28: "[...] todas as coisas contribuem juntamente para o bem daqueles que amam a Deus". Ou seja, pense apenas que o seu sonho é uma mensagem de esperança do Pai dizendo para confiar Nele e em sua infinita bondade e generosidade.

Sabia que existe depressão no casamento? Acontece quando paramos de valorizar nosso marido ou mulher. E essa é a armadilha mais comum: acharmos que estamos valorizando nosso casamento ou relações sem alimentá-los. Se você é casado ou casada, pense agora: há quanto tempo não diz "eu te amo" para seu cônjuge? Viu só? Se isso o despertou para uma certa "depressão" no relacionamento, faça um ajuste, dê corda nos relógios dos corações.

Jesus nos fala: "Estava sem roupa, e me vestiram; estava doente, e cuidaram de mim. Estava na cadeia, e foram me visitar" (Mt 25,36). Ao escutar isso você pode estar se perguntando: o Senhor está se referindo também a mim? Eu lhe digo que, se você faz o bem, por menor que seja, está com o Pai em todas essas ocasiões. O menor bem que você fez foi ao Senhor. Você serviu, e aí está toda a prova de que entendeu o que é o poder de verdade.

Se alguém no seu círculo social se importa com a sua classe social, afaste-se dele. Pense novamente na criança. Ela pode ser da classe F ou A, mas basta um brinquedo simples e estará plena. O que importa é o que o objeto e a situação nos proporcionam. Ou você acha que a criança estará brincando mais feliz se tiver o bolso cheio de dinheiro?

Filho e filha amados de Deus, feche os olhos por um instante e sinta Jesus sobre as nuvens. Saiba que esse instante não é de imaginação, pois tudo podemos quando carregamos o Senhor em nosso coração. Olhe que maravilha o azul do céu, quão maravilhosas são as nuvens que cercam o Pai. Sinta que foi colocado no colo do Senhor. Você tem a certeza de que Jesus é Deus e que sua condição divina abriga todo o poder e torna tudo possível.

No Céu dos céus você deposita todas as suas provações, todas as suas depressões. Por lá elas são cuidadas e você sabe que seu caminho na Terra fica a cada dia mais suave e tranquilo. Pois você tem fé, e quem crê consegue ir para o Céu dos céus.

Colocar filho no mundo é trabalho de macho e fêmea. Pai e mãe de verdade educam os filhos. Não apenas para que cumpram regras, mas para que sejam humanos amorosos e de fé. Esse é o filho e a filha que o Pai espera de você.

A paz reside no respeito ao próximo. Guarde isso para a vida toda. Sabe aquela sensação plena de paz, de tranquilidade, de que tudo está como deveria em sua vida? O primeiro passo é o respeito ao próximo. Assim, entenderemos nossos próprios momentos de impaciência, que nascem de nos colocarmos à frente dos outros.

Tudo tem a sua hora. Pegue essa afirmação e leve-a para o seu coração. Dessa forma, encontrará a paz, tão almejada por todos. Não existe segredo para Deus. Plante a caridade e verá nascer a paz. Plante a caridade e todos os milagres virão. São os frutos da sua fé.

Na autoridade que possuo como sacerdote, peço a Deus que toque este filho, esta filha amada de Deus, que anda sofrendo perseguições. Esta filha amada de Deus e este filho amado, que passa por humilhações e afrontas tão grandes que chega a pensar em tirar a própria vida. Jesus, toque esta alma, eu lhe peço. Faça-a entender que não fomos criados para este mundo, que é passageiro.

Entenda que nós fomos criados para o Paraíso, para o Céu dos céus. Enxergue que somos filhos amados de Deus, e, como tais, somos lindos. Que nenhuma palavra ou humilhação resista a essa verdade, e que com o Senhor em nossa vida somos capazes de superar quaisquer provações.

Uma confissão comum que recebo de pais e mães é a de que os filhos se encontram no crime. A todos eles eu peço calma, para que não entrem em desespero e percebam o que acabaram de me confidenciar. Os filhos *estão*; eles não *são*. Pois estar é muito diferente de ser. Estar é uma situação passageira, que podemos superar pelo milagre da fé, da oração e da ação. Ser é uma bênção, e nesse caso devemos direcionar nossa vontade para a vitória.

Outro dia visitei uma amiga e fiquei impressionado pelo modo como ela se recusava a colocar limites para o filho pequeno. A criança fazendo bagunça, arriscando quebrar coisas que nem dela eram, e minha amiga achando que estava tudo bem. Pois uso essa história para dizer que a nossa liberdade vai até o ponto em que coloca em risco o espaço e a liberdade do outro. Isso sim é educação.

Percebamos que não estaremos livres de provações enquanto vivermos: estamos aqui justamente para superá-las. Quem fala isso não sou eu. Sou apenas um instrumento da mensagem divina. Você e sua família vão superar tudo. Tenha fé.

É quase certo que algum familiar ou alguém próximo esteja enfrentando problema de alcoolismo. Acertei? Não é preciso muito para adivinhar, já que o vício em álcool é bem comum. Mas tudo tem solução. Sabe o que resolve esses casos? Ação e oração. A oração é que motiva a ação, e quando depositamos essa situação na confiança ao Senhor encontramos a solução.

Alguns dos vícios para os quais não damos a devida atenção se encontram bem debaixo dos nossos olhos. Quer ver? O vício em televisão. Pense se a relação da sua família com a televisão é saudável. Há também o vício em remédios para emagrecer. E tantos outros que servem de porta de entrada para que a alma fique contaminada e a pessoa aos poucos perca a fé. Cuide-se e cuide dos seus.

Sempre digo para os pais e mães: consagre seu filho e filha. Reze, entregue ao Senhor todo o amor que tem por eles. O jovem que conhece Jesus jamais buscará a felicidade em qualquer elemento moderno ou mesmo nas drogas.

Todos sabemos o quão difícil é largar o vício em cigarros. É muito comum que o viciado diga: "Eu não consigo abandonar o cigarro". Eu sempre digo o oposto: "Ah, você consegue, sim. O primeiro passo é querer. Mas querer de verdade". Essa é a lição que São Paulo nos deixou: "Tudo posso Naquele que me fortalece" (Fp 4,13). Essa força de vontade vem no momento em que você permite que Jesus toque a sua alma. Permita e alcance tudo o que quiser.

Uma situação preocupante é a obesidade infantil. Tem a ver com alimento, com a pressão para que tudo seja mais rápido, ágil e fácil e com o que acontece com a comida nesse panorama. Passamos a oferecer falsos alimentos para saciar imediatamente e com menor trabalho possível. Agora, pense se não está fazendo o mesmo com o alimento da alma – as palavras com que você alimenta as crianças. Você está servindo a elas o melhor alimento possível?

Quando tinha 21 anos, fui a um encontro de jovens e um colega levantou e disse: "Hoje enterrei meu pai. E perdi a última oportunidade de dizer a ele o quanto o amava". Aos 21 anos, foi a primeira vez que beijei meu pai no rosto. Que bênção Deus me proporcionou. Já pensou nisso?

Esportistas precisam de bastante carboidrato, que dá energia. Há também as proteínas, que dão vigor aos músculos. E no meio disso há a gordura. O melhor é não abusar dela. Assim também é nossa vida espiritual. Quanto mais eu oro, mais proteínas ofereço à alma, mais carboidratos tenho para enfrentar até uma maratona de provações. E quanto mais queimo gorduras, deixo a alma leve e em paz.

Nem todos são pais e mães, mas todos somos filhos, sem exceção. Vejamos o quarto mandamento da Lei de Deus: "Honra teu pai e tua mãe" (Dt 5,16). Isso significa simplesmente amá-los e respeitá-los. Quer tarefa mais gostosa do que essa?

Sempre falo do Tripé da Fé: a Sagrada Eucaristia, as Sagradas Escrituras e o Santo Rosário. O Rosário é a Palavra de Deus. Por ele, passamos pela vida de Jesus, e toda vez que rezamos o Rosário estamos revivendo cada passo e lembrando a gloriosa vida do Senhor.

No Rosário, passamos pelos Mistérios Gozosos (sobre o nascimento de Jesus), pelos Mistérios Dolorosos (a Paixão e morte do Senhor) e pelos Mistérios Gloriosos (a superação da morte e ascensão de Cristo). Sabiamente, o Papa São João Paulo II acrescentou os Mistérios Luminosos, que narram a missão pública de Jesus. Pense nisso toda vez que for rezá-lo.

No primeiro Mistério Gozoso do Rosário, o arcanjo Gabriel anuncia a Maria que ela será mãe do filho de Deus. Penso sempre em quantas mulheres têm dificuldade para realizar o desejo da maternidade, e é por elas que oro nessa parte. Também pelas mães e pais de todo o mundo.

Maria sabe que está grávida e também que sua prima Isabel espera um filho muito desejado, que seria João Batista. Com Jesus em seu ventre, ela vai até a prima para servi-la, pois o marido era idoso, e ambos já não tinham mais esperança de ter filhos. Esse é o segundo Mistério Gozoso, e o dedico a todos que entendem que ao servirem ao próximo estão servindo a Deus.

Um fato que a vida me ensinou: o extremismo não traz bons resultados. As grandes mudanças só acontecem quando é chegado o momento de nos transformarmos. Saibamos esperar e confiemos no Senhor.

Nasce Jesus, o grande momento da humanidade. O mundo já não é mais igual, conta-nos o terceiro Mistério Gozoso do Rosário. Com o nascimento de Seu filho, Deus promete estar conosco até o último dia. Dedico as orações àqueles que se encontram nas UTIs, àqueles doentes em fase terminal de suas passagens por este mundo.

Deus coloca Seu filho no mundo e envia a mensagem de que uma espada atravessará seu coração, que Ele sofrerá uma dor profunda para nos redimir de todos os pecados. Por isso, consagre seu filho, sua filha a Jesus. Use a oração e, junto comigo, consagre-o e deposite seu futuro aos cuidados do Senhor.

Nos Mistérios Luminosos, Jesus vai ao rio Jordão para ser batizado por João Batista. Ao perceber que está diante do Filho de Deus, Batista fala: "Sou eu que preciso ser batizado pelo Senhor". Humilde, Jesus responde: "É a vontade do Pai". João Batista o batiza, uma pomba (o Espírito Santo) pousa sobre Jesus e Deus proclama: "Eis o Meu filho amado, em quem me agrado". Esse, amado e amada, é o sentido do batismo.

No segundo Mistério Luminoso, Maria, mãe de Jesus, pede a Ele que transforme água em vinho durante uma festa de casamento, pois a bebida está prestes a acabar e seria uma vergonha inesquecível para a família. A princípio, Jesus tende a negar, mas cede ao pedido materno. Mesmo não sendo a hora planejada, realiza seu primeiro milagre e nos mostra a humildade diante de nossos pais.

É no terceiro Mistério Luminoso que Jesus nos convida à conversão. Já pensou no significado de conversão? É uma curva de 180 graus. Uma mudança enorme de vida, que acontece toda vez que um irmão entrega definitivamente sua vida em consagração ao Senhor.

Se quiser conhecer alguém, dê poder a essa pessoa. Não construa uma imagem ou tire conclusões baseado em uma só circunstância da vida do outro. Afinal, ele pode estar em fase difícil ou de abundância e seu comportamento certamente refletirá aspectos disso. Principalmente quando a pessoa possui o tal poder é que ela se revela mais profundamente. Lembre-se sempre de que se trata de instantes, pois poder de verdade, só o de Deus.

Aconteça o que acontecer: não viole as Leis de Deus. Confiemos no Pai, hoje e sempre. Tudo acontecerá na devida hora. Pode acreditar.

O câncer me toca profundamente. Já perdi parentes para a doença, e é pelos enfermos que falo agora. Saiba que Jesus sofreu por mim, sofreu por você e pela pessoa que você conhece e que passa por esse drama. Entregue ao Senhor.

Jesus sabe o que é dor. Ele compreende o que você está passando porque sofreu as piores dores em sua passagem terrena. Compaixão significa sofrer junto. E Jesus tem compaixão por você.

Sabia que Jesus suou sangue em seu momento de maior aflição? Sim, é possível – em determinado estado de agonia, a pessoa pode suar sangue. Nessa hora, Ele falou: "Não seja feita a minha vontade, mas a Sua, Pai" (Lc 22,42). Essa é a fé em estado puro.

Não pense que Jesus não sofreu nem quis encerrar o próprio sofrimento. "Pai, afasta de mim este cálice", Ele orou no Jardim das Oliveiras, quando estava prestes a ser preso e morto. Só que Ele permaneceu e enfrentou o destino, pois sabia que ganharia o Céu.

Existe uma linha muito tênue entre fanatismo e loucura. Quantas pessoas vemos morrer diariamente "em nome de Deus"? Pode reparar que por trás de tudo isso está a briga pelo poder. Apenas usam o nome de Deus em vão.

Muitas vezes, morremos em vida. É quando perdemos batalhas, parentes, amigos, esperança. Só que aquilo que parece ser sua morte é na verdade um degrau para se elevar em Cristo Jesus.

O ditado nos diz: após a tempestade, vem a bonança. Eu reafirmo essas palavras com convicção. Se você está passando por uma tempestade, mantenha a bússola no Senhor e encontrará o sol da justiça, que é Jesus.

Trago uma boa-nova para você: todo aquele que crê em Cristo ressuscitará, assim como Ele. Não sei sua idade ou condição, mas sei que sua alma é eterna. Se você está em Cristo, o que vive hoje é uma passagem.

No sétimo dia, sete sacerdotes israelitas deram sete voltas ao redor da cidade mais fortificada da Terra Prometida, Jericó, e tocaram sete trombetas. Era uma ordem de Deus ao líder deles, Josué. Nesse momento, todos gritaram ao Senhor, e as muralhas da cidade caíram. E, para você, qual é a mensagem que o Senhor lhe diz em oração?

Deus é o eterno presente. Quando tivermos algum problema, meditemos sobre o que o Senhor ordena nas Escrituras. Vamos dar sete voltas ao redor do problema, como Josué, e confiemos no Pai. Tenha fé, pois paz é uma oração.

Talvez tenha acontecido com você. Certamente você conhece a história – uma pessoa está perfeita de saúde, mas de repente a pressão sobe ou ela desenvolve uma enfermidade qualquer. Sabe o que é isso? Somatização: quando somamos e não dividimos ou compartilhamos nossos problemas e aflições. Na oração, você divide e compartilha com o Senhor.

De tempos em tempos precisamos atualizar a nossa paixão. Como escreveu São Paulo, se não acreditamos na ressurreição, vã será nossa fé. Portanto, reafirmemos nossa paixão no Senhor e glorifiquemos Jesus.

Sou corintiano, e uma vez uma rede de TV me levou a um estádio onde seria disputado um jogo do Corinthians contra a Portuguesa. Fiz questão de abençoar os dois vestiários. Conhecidos ficaram indignados com isso. Apenas explico que Deus está muito acima do fanatismo esportivo ou de qualquer espécie.

Por meio da oração, nós podemos reafirmar diariamente nossa paixão em Cristo. Sob o poder de Jesus, na meditação e oração, todos os problemas espirituais são quebrados.

Nossa saúde é composta por um tripé: corpo, mente e espírito. Hoje em dia, a maioria dos nossos problemas começa no espírito. Ao adoecer, ele leva junto corpo e mente. Já ouviu falar de doença psicossomática? É exatamente isso. Previna-se cuidando do seu espírito.

Sabe qual é a primeira estação da Via-Sacra? A condenação de Jesus à morte na cruz. Penso nisso ao perceber quantas pessoas são condenadas à morte, abandonadas, jogadas ou vítimas de palavras maldosas. Se você passa por isso, saiba que essa é só a primeira estação, o começo. E que no caminho há salvação.

Um homem falou para o arcanjo Gabriel que a cruz que carregava estava muito pesada. Gabriel permitiu que ele a trocasse. Ele viu cruzes lindas, mas todas incômodas, até que encontrou a perfeita. O arcanjo falou: "É justamente a cruz que você carregava e pediu para trocar".

No desespero, muita gente se envolve com coisas ocultas. Sei que você conhece pessoas assim ou pensa em tentar esse atalho. Peço a Deus neste momento, na pessoa de Cristo, que o afaste desse caminho: ele parece mais curto, mas não o levará a lugar algum.

As pessoas se separam atualmente por qualquer motivo. Os mais comuns são política, futebol e religião. Tanto é assim que dizem não discutir nenhum desses temas. Não quero que discutam, mas que compreendam no coração que o Pai está infinitamente acima de rixas terrenas. Todos somos irmãos, e quando entendermos isso teremos a paz tão desejada.

Ao olharmos a Via-Sacra, passamos pelo momento em que Jesus cai pela primeira vez. Pense em quantos se encontram caídos neste instante por causa do desemprego. Por esses, que o Senhor os toque com sua infinita bondade e que uma janela se abra em sua vida. Confie e veja a bênção acontecer.

Lembre-se de como Simão ajudou Jesus a carregar a cruz durante a Via-Sacra. Você não precisa puxar os problemas dos outros inteiramente para si, mas basta um conselho bondoso, uma oferta de apoio ou mesmo um simples sorriso: gestos comuns transformam vidas, assim como o Pai nos deu de exemplo.

Certa vez, ainda seminarista, fui chamado para consolar uma mãe que havia perdido o filho. Eu sabia que, naquele momento, não existia nada a se falar para aliviar o sofrimento da família. Sabe o que fiz? Abracei aquela mãe até que ela se acalmasse um pouco e enxergasse Deus por meio das lágrimas. Portanto, pelos seus gestos, seja a pessoa que faz com que os outros enxerguem o Senhor.

Ao consolar as mulheres de Jerusalém durante o caminho até a cruz, Jesus falou: "[...] não chorem por mim; chorem por vocês mesmas e por seus filhos". Cristo estava aqui indicando a participação daquelas mulheres em sua Paixão, e, portanto, seu conselho vale para todos nós, pois, como elas, inúmeras vezes pregamos Jesus na cruz. Toda vez que falamos e não agimos como Cristo nos ensinou, estamos pregando-o na cruz.

Você que está pensando em largar tudo, que está tão cansado de batalhar e cair e já não acredita ter forças para se reerguer: lembre-se de que Jesus caiu e levantou três vezes durante a Via-Sacra. Pois Ele estava a caminho da redenção. E você também. Sua luta não é invisível ao Pai.

Pare um instante e pense na dor de Jesus ao ser pregado à cruz e deixado para morrer. O Senhor sabe como ninguém o que é sofrimento, e está olhando por você nos momentos mais difíceis. Ele não te abandonará. Tenha certeza disso.

Às 15 horas da Sexta-feira Santa, o véu do templo se rasga e morre o Filho de Deus. Só que não há desespero nem nessa hora, pois no íntimo, lá no fundo, Ele nos ensina que essa hora mais escura é o momento da virada, já que ao morrer na cruz Jesus nos deu a salvação.

Lembre-se de Jesus no deserto, onde ficou por quarenta dias para meditar. De tempos em tempos, lembre-se de parar e se afastar das atribulações do dia a dia para refletir sobre a sua vida e a de sua família. Nesses momentos sempre há uma transformação para melhor.

Existem dois líderes: o carismático, que exerce a liderança naturalmente, e o autoritário, que a exerce na base da força. Todos seremos líderes uma hora ou outra. Qual tipo você quer ser e será?

O ressentimento é inimigo da sua saúde. Cada vez que manifesto ressentimento, perco anticorpos. Essa não é uma constatação religiosa nem espiritual, mas científica. Livre-se do ressentimento, para seu próprio bem.

Imagine um hospital cheio de pacientes. Você está entre eles. O médico dos médicos virá tratá-lo. É Jesus quem toca seu coração. Ele não observa os batimentos cardíacos, mas os ressentimentos ali guardados. Deixe que Ele os retire e opere o milagre em sua vida.

Pensemos não em nós mesmos, mas nos outros. Medite agora sobre aquela pessoa que puxou seu tapete. "Mas como assim, padre?", pode ser sua reação. Eu repito: pense nela, não com amargura, mas orando para que o Senhor toque essa pessoa. O bem que você projeta sempre volta para você.

Uma conhecida foi noiva por sete anos e, na semana que iria casar, o noivo rompeu com ela. Dois meses depois, ele casou com uma amiga de infância dela. A mágoa que deixou aflorar foi tão profunda que ela desenvolveu câncer. Isso mesmo: a energia se voltou contra ela, pois colhemos aquilo que plantamos.

A oração não é placebo. Essa descoberta não é minha, mas de médicos. Orar é um remédio comprovado cientificamente. Uma pesquisa mostrou que a recuperação de pessoas que têm espiritualidade foi três vezes maior e mais rápida. Ore, ore e ore. Por você, por mim e por todos.

Eu falo com católicos porque essa é a fé que tocou meu coração. Mas é comprovado que entre todas as denominações cristãs a espiritualidade só traz benefícios. Portanto, abrace a todos aqueles que possuem fé como irmãos que são.

A confiança é companheira da fé. Se eu tivesse uma frase curta para resumir o significado e importância da fé, seria essa. Confie no Pai e entregue seu coração a Ele. Tudo virá para sua vida.

Muitas vezes somos expostos a sentimentos desconhecidos e ficamos sem compreender o momento pelo qual passamos. Saiba que tudo nos é revelado na força do Espírito Santo. É só confiar no Senhor.

Quero falar com os desempregados. Sou formado em Educação Física e exerci essa profissão antes de ser padre. Hoje, se voltasse à profissão seria considerado velho. Portanto, me identifico com todo aquele que é considerado velho, novo, inexperiente ou não consegue um emprego. Siga em frente e não desanime. Sua hora virá.

Se você fosse responsável por contratar pessoas para uma empresa, escolheria um candidato desanimado ou outro, cheio de disposição? Não estou falando para você, que está desempregado, fingir ânimo. Mas que encare dessa forma as oportunidades que aparecerem. Pois Deus as colocará em seu caminho e quero que você esteja preparado.

Um amigo se candidatou a uma vaga de trabalho, mas quando chegou para a entrevista viu que havia muitos pretendentes. Ele foi embora, e durante o caminho de volta para casa questionou Deus sobre ser injustiçado. O Senhor soprou em seu coração: "O trabalho era seu. Bastava persistir". Fé é perseverar.

Você acha que é insignificante? Pois saiba que toda transformação para o bem tem o poder de mudar o curso da história. Essa é a real decisão que Deus depositou nas mãos de todos os seres que colocou na Terra. A começar por você.

Um empresário que conheço me falou uma frase bastante sábia sobre trabalho: "Quem ama o que faz estará sempre fazendo o que ama". Persevere e siga o caminho de seu coração.

Aos que se encontram com dificuldade na vida, principalmente financeira, por causa de trabalho, peço que repitam mentalmente o seguinte: "Eu tenho valor e não sou fracassado". É importante ter certeza disso, pois somos todos iguais e possuímos valor como seres humanos.

Se você só faz o mínimo necessário e espera que as coisas caiam em seu colo como prêmios, não está atento ao que o Senhor falou. Lembre que Deus só ajuda aqueles que se ajudam. Tenha fé, mas faça as coisas boas acontecerem.

Humildade não tem relação com se depreciar ou pouco se valorizar. Humildade é reconhecer seus próprios limites. Quando você age dessa forma, se aproxima ainda mais de Deus, pois somente o Senhor é onipotente.

Vou falar algo que pode parecer trágico, mas faço isso para lhe mostrar que podemos encarar tudo com olhos humanos ou com olhos divinos. Pense: hoje pode ser seu último dia de vida. Com olhos humanos, vamos pensar nisso como uma visão trágica. Mas com olhos divinos, entendemos que isso é apenas uma passagem, que eterno é somente o Céu dos céus.

Muitos de nós não tiveram a bênção de um lar feliz na infância ou adolescência. Em muitos, a vida deixou marcas que parecem nunca cicatrizar. A esses peço que orem a Deus para que os traumas sejam extintos e que possam seguir em frente sem carregar fardos passados.

Você sabia que fé se transmite? É verdade. Portanto, se tiver apenas um pedido a fazer, que seja humildade. É preciso humildade para ter proteção divina. O reconhecimento do nosso próprio limite faz com que Deus se aproxime.

Feche os olhos e peça em oração para que Deus o proteja com um capacete, pois a cabeça é onde somos primeiro atacados. Peça também por uma armadura, que o protegerá contra toda maldade, inveja e ciúme. E que o Senhor o calce com os sapatos da prontidão, para que sempre caminhe com passos de fé.

Um grande executivo me falou que as cinco virtudes que espera de seus funcionários são: humildade, humildade, humildade, humildade e criatividade. Eu considero: humildade, humildade, humildade, humildade e humildade.

Aquele que quiser salvar a si próprio, este se perderá. Já aquele que, por amor a mim, perder a própria vida, esse ganhou o Paraíso. São palavras do nosso Senhor. Carregue-as por onde caminhar e, principalmente, ore e medite sobre elas.

A misericórdia de Deus não conhece limites. Aliás, Deus não conhece limites. Experimente um pouco disso ao compreender que a cura e a liberdade começam dentro do nosso coração. Você sentirá a onipotência divina.

Quando tudo parecer escuro e sem saída na sua vida, insista em abrir os olhos e manter a atenção. Deus sempre oferece escolhas. Sempre. É por isso que insisto que nos momentos mais escuros você procure pela luz. Deus sempre a colocará em seu caminho.

Tudo o que fazemos de bom se multiplica, e não apenas para você. É como uma pedra jogada em um lago. Sabe quando se formam círculos de ondas onde a pedra caiu? Ao praticar a bondade, você está emitindo a mesma propagação para o mundo, e esta atingirá quem você nem imagina.

Você conhece a história de Caim, certo? Ele representa todo aquele que sente prazer em fazer o mal para outros, em fazer sofrer outras pessoas. Isso é muito comum, infelizmente, e você certamente conhece pessoas assim. Só que todos colhem o que semeiam.

Uma conhecida se decepcionou com uma amiga, a quem indicou para um emprego junto a ela. Essa amiga puxou-lhe o tapete e sua frustração foi tão grande que ela foi estudar enfermagem. Passados alguns anos, ela estava no hospital quando a chamaram para ajudar uma paciente de leucemia em estado terminal. Ela chegou a tempo de encontrar a ex-amiga, que a viu e agradeceu a Deus a chance de lhe pedir perdão em vida.

Viver no mal é escolher ter duas mortes. Você morre em vida, pois não cumpre o plano que Deus traçou para todos nós: o de sermos bons uns com os outros e vivermos como irmãos. E isso resultará na pior das mortes, que é falecer na completa solidão.

Sei que é um caminho fácil intimidar as pessoas para convencê-las de algo. Eu poderia pregar coisas como: "Se não fizer tal coisa você vai para o inferno!". Mas optei por viver e pregar no amor. Mesmo que às vezes seja um caminho mais longo, pode ter certeza de que é eterno.

Se você calunia seu semelhante, isso voltará. Se você maldiz seu semelhante em fofoca, isso voltará. Tudo no universo volta ao ponto de origem. É uma lei tanto física quanto espiritual. Então, escolha bem o que você quer que volte para você.

Sabe o que é o inferno? É confrontar e viver toda a maldade que você fez em vida, sem limites. O Céu é o inverso.

Vou te contar um segredo, algo que faço toda vez que fico sabendo que alguém falou ou desejou alguma maldade para mim. Eu oro ao Senhor e faço um simples pedido: "Abençoa. Abençoa". Quem me ensinou isso foi Jesus Cristo. Sempre dá certo.

Jesus sabia que conheceria o pior do ser humano em sua via-crúcis. Sabia que seria açoitado, que o ofenderiam e que cuspiriam nele. Mesmo assim não fugiu. No desespero, Ele suou sangue e confiou no Senhor: pediu que, se possível, o afastasse daquele destino, mas que se cumprisse a vontade de Deus. Três dias depois Ele ressuscitou e nos deu a maior lição da história.

Certamente já aconteceu com você uma situação inexplicável, em que uma pessoa vai diretamente em seu ponto mais fraco só para o machucar. Saiba que é o diabo atuando por aquela pessoa. Essa é a covardia dele. Só que quem está em Deus não é derrotado por nada e ninguém.

Até mesmo sobre Pedro o demônio tentou agir. Jesus disse a ele: "Tu és Pedro, e sobre esta pedra edificarei minha igreja". Ao que Pedro responde com o temor da perseguição. O Senhor então o acalma e diz para ele falar e agir não como os homens, mas como Deus. Portanto, deixe-se sempre guiar pelo Espírito Santo, como Jesus nos orientou.

Quando percebo uma pessoa sendo usada pelo maligno para me ferir ou ferir aos outros, oro para que Deus a abençoe. Todos podemos mudar. Somente Lúcifer e sua legião é que não podem. Eles rejeitaram Deus e Sua criação divina, os homens. A eles o não é eterno.

Depressão, alcoolismo, vícios, enfermidades inexplicáveis. Tudo isso tem o dedo satânico por trás. Claro que precisam ser tratados conforme indicam os médicos e cientistas, que estudaram tanto para nos ajudar, mas também com orações e pedidos ao Senhor.

Você já deve ter acordado no meio da noite com uma angústia inexplicável. Acontece comigo, e percebo que acontece muito com as mamães. São tentativas de ataque do maligno. Nessas horas, começo a orar. Deus, que está sempre ao meu lado, afasta o perigo.

O demônio falou para Jesus: "Tenho feito cada maldade no mundo. Assassinatos, inveja, maledicência, intriga...". O Senhor propôs: "Quanto você quer por nós?". A resposta foi: "Eles (humanidade) não prestam. Mas se me der todo o seu sangue, suor e dor, eu aceito". Jesus concordou e selou o trato ao ser crucificado. Ele fez isso por nós. Lembre-se sempre.

No momento em que oramos juntos, quero lembrar que o faço com você, mas não posso fazê-lo por você. Posso levar o alimento à pessoa e faço isso todos os dias e horas, mas o comer é dela própria.

"Nada pode derrubar aquele que está em Cristo Jesus", nos ensinou São Paulo. Abra o seu coração para essa afirmação, pois já a comprovei tantas vezes que perdi as contas. Nada nem ninguém pode contra o Senhor. Nem contra aqueles que escolhem estar sob a proteção de Deus.

Tenho dó daqueles que rogam pragas, que caluniam, que cometem ou estimulam infidelidades. Àqueles que são vítimas das mesmas coisas e demais maldades humanas: sofro com vocês. Esse é o ensinamento da misericórdia.

Nunca é tarde para se conhecer Jesus. Repito: nunca é tarde. Na circunstância que for, o Senhor sempre estará de braços abertos e com um lugar reservado para receber aqueles que O procuram.

Quem é de Jesus não é do mundo. É do Céu. E isso é uma opção de vida.

Se pudesse resumir os Dez Mandamentos em apenas dois, diria que todos devemos amar a Deus sobre todas as coisas e de toda nossa alma, e amar ao próximo como a nós mesmos. Seguindo essas duas determinações, todo o restante acontece.

Sabe qual é um dos maiores erros da humanidade? Não olhar para cima. Tão simples, certo? Mas tão difícil. Quando não olhamos para cima, vivemos com o olhar voltado para o próprio umbigo. Eu, eu, eu, tudo se resume ao ego. Quando erguemos o rosto e olhamos para cima, entendemos que Deus é infinitamente maior que tudo que nos diga respeito.

Pense quantas vezes você se vitimiza perguntando: por que isso aconteceu comigo? Por que eu? Faça uma mudança simples e veja a diferença. Troque o "por que" por "para quê". Quando você começa a se questionar "para que isso aconteceu" com você, tudo muda. Pois Deus assopra a resposta no seu ouvido.

Em um dos dias mais importantes da minha vida, fui me apresentar para o Papa Bento XVI, e ao chegar ao local meu crachá não permitia meu acesso. Todos que estavam comigo se desesperaram. Menos eu. Falei: "Calma, calma". Minutos depois um delegado me liberou. Sabe por quê? Porque nem por um segundo perdi minha fé.

Conheci um homem de muita fé que estava fugindo de ladrões e se escondeu em um matagal. Ele parou, rogou a Deus por ajuda, e quando abriu os olhos viu duas aranhas tecendo teias. Questionou o Senhor se aquela era a ajuda, até que ouviu um ladrão falar para o outro, muito perto dele: "Ele não está aqui. Esse caminho tem até teias de aranhas".

A princípio, você pode não entender, e muitas vezes sua fé será testada. "Era mesmo para isso acontecer comigo, Pai?" Mas uma coisa eu garanto: Deus sempre sabe o que faz. Sempre. Confie, ame a vida e espere as bênçãos.

Quando você se sentir esquecido, abandonado, solitário, lembre o que Deus falou em Isaías (49,15): "Será que uma mãe pode esquecer do seu bebê que ainda mama e não ter compaixão do filho que gerou? Embora ela possa se esquecer, eu não me esquecerei de você!". Igualmente, nunca esqueça isso.

Você já ouviu falar em ídolos. Todos são ídolos atualmente. Fulano é ídolo no futebol, sicrano é ídolo na TV. Só que ídolo é tudo o que se coloca à frente de Deus. Poder, ganância, dinheiro e fama são ídolos. Cuide para colocar as coisas em seus devidos lugares. E Deus acima de tudo.

Atualmente, tudo o que peço a Deus é que possa amá-lo cada dia mais. Amá-lo do coração, do fundo da minha alma. Quando se chega a esse estado na relação com o Senhor, a paz que se desfruta é indescritível.

A Bíblia fala muito em misericórdia. Geralmente, em pedidos para que o Pai tenha misericórdia. Mas podemos e devemos praticá-la todos os dias com nossos próximos, pois misericórdia é levantar o nosso semelhante. É colocá-lo de volta no lugar que merece.

Quando falamos em amar o próximo, pensamos geralmente em familiares ou amigos. Só que Jesus nos mostrou quem é o próximo ao contar a história do enfermo que, ignorado pelo sacerdote, só foi cuidado pelo samaritano. Este mostrou saber a vontade de Deus.

Uma vez um garoto chegou para mim e agradeceu sem que eu soubesse o porquê. Ele falou: "Agradeço porque você me tratou como ser humano, e não como um cachorro". Saí pensando quantas vezes ouço as pessoas dizerem que o próximo em situação de rua não é problema ou culpa dele, mas do Estado. Pense nisso.

Recorro ao livro de João, capítulo 10, quando ele explica que só existe um pastor e um rebanho. O que quero dizer é: sejamos nós católicos ou evangélicos, nossa missão é simplesmente nos amarmos e respeitarmos.

Amar a Deus sobre todas as coisas é a essência da libertação. Não significa que você vai abandonar sua família ou posses, mas que você continuará amando os seus, mas com a consciência de que acima de qualquer relação ou pertence mundano está o Senhor. É uma liberdade inexplicável carregar esse sentimento.

Uma vez recorri a um balão de ar para me fazer entender durante uma missa. Pessoas começaram a reclamar de suas aparências ou condições físicas. Olhei para um balão que pairava no ar e disse: "É como esse balão. Não importa a idade ou a aparência. O que o faz voar é o que ele carrega por dentro".

Um dos segredos é mantermos a unidade na diversidade. O mundo fica gritando para que você se vista de tal forma, compre tal objeto. Só que a verdade é que somos únicos e diferentes ao mesmo tempo. O que é bom para você pode não ser para mim. E vice-versa. Só o que nos une é Jesus.

Vou te contar um segredo incrível que descobri com o tempo de sacerdote: você não é do mundo. Sim, sim. Não significa que você seja extraterrestre, mas que está aqui apenas de passagem. Enquanto isso, ame o próximo e a Deus sobre todas as coisas. Você será recompensado ao fim da passagem.

Você tem anjos da guarda. Todos temos. São eles que nos protegem daqueles anjos que caíram, além de serem mensageiros do amor e da paz. Toda vez que sentir paz, que tiver sentimentos amorosos, são sinais de que eles estão ao seu lado. Cuide bem deles para que permaneçam.

O demônio nada mais é do que um anjo que negou a Deus. Sabia disso? Na verdade, ele negou a nós, enquanto criações do Senhor. Lúcifer era o anjo da luz, mas quando Deus fez o homem ele foi contra a criação do Pai. Seu castigo foi ser expulso do Paraíso divino junto a um terço dos anjos, que o seguiram. Sua luta contra os homens continua desde então. Esse é o nosso verdadeiro combate humano.

Foi o próprio rei Davi que anunciou a boa-nova de que Deus colocou anjos para nos proteger. E não pense que são dois ou três anjos, mas milhões deles a nos acompanhar e acudir nos momentos mais difíceis. Também a nos levar pelas mãos nos melhores caminhos. Neste exato momento você está cercado por anjos do Senhor.

No sacerdócio, nós estudamos a angeologia, que nos ensina a missão de cada anjo de Deus. Temos os serafins, querubins e, na sequência da hierarquia angelical, chegamos aos anjos e aos arcanjos, os mais próximos dos humanos. O arcanjo Miguel estava embaixo em importância, mas seu amor pelo Pai e pela criação divina, o homem, foi tão grande que ele se tornou o principal anjo do Senhor. Que coisa linda, não? Miguel nos protege e nos ensina.

Quando pensamos em anjos, é comum vir à cabeça imagens de criancinhas. Mas isso é coisa de artistas, pois anjos são imensos. Se eu tenho 1,95 metro, saiba que o anjo que o protege tem seus 3 metros.

Conheci uma criancinha de 5 anos que caiu do sexto andar de seu prédio e não sofreu quase nada. Os médicos e os pais ficaram espantados. Alguns evitaram chamar de milagre. Para não dizer que não sofreu nada, ela teve alguns arranhões. Mas olhe para um prédio, conte até o sexto andar e imagine uma criança caindo daquela altura. E ainda há pessoas que não acreditam em anjos da guarda.

Uma recuperação que considero angelical foi a de um marido de uma senhora que sempre me acompanha nas missas. Ele era alcoólatra e estava em um estado tão avançado do vício que os médicos o haviam desenganado, pois chega uma hora em que a pessoa bebe tanto que é até perigoso parar de repente. Mas essa amiga teve tanta fé em oração que o marido simplesmente passou a ter aversão ao álcool. E até hoje se mantém assim, cada dia mais saudável.

Antes de me tornar padre, eu era adepto do fisiculturismo. Certa vez, fui convidado por amigos a uma festa, mas na última hora decidi não ir. Todos foram assaltados no caminho e, me conhecendo à época, era bem capaz de ter reagido ao assalto. Eu provavelmente teria sido baleado. Atribuo essas fortuitas decisões ao meu anjo da guarda.

Você sabia que o nome designa a missão da pessoa? *Marcelo*, por exemplo, significa *cabeça-dura* ou *domador de cavalos*. E eu era mesmo bem cabeça-dura antes do sacerdócio. Penso nisso quando reflito sobre o arcanjo *Gabriel*, cujo nome significa *mensageiro*. Ele é realmente o mensageiro das boas-novas.

José é pouco elogiado, mas pense que em seu tempo ele compreendeu a gravidez de Maria sem questionamento. Era uma época em que a mulher que cometesse adultério era apedrejada. Mas seu amor e fé eram tamanhos que o próprio arcanjo Gabriel apareceu para ele em sonho e disse para não temer, batizando de Jesus o filho de Deus. Confie na sua fé e nos seus sonhos.

*J*esus significa *Salvador*. Existe nome mais apropriado para o filho de Deus, que se tornou humano para remissão de todos os nossos pecados? Jesus nos salva diariamente.

Neste momento recorro ao arcanjo Gabriel, o mensageiro. Ele que anunciou a Maria que ela seria mãe do Filho de Deus. Foi ele que anunciou a José em sonho para que não temesse e batizasse a criança de Jesus. Que ele anuncie boas-novas na sua vida, uma nova vida no Senhor e salvação em Cristo.

Muitas vezes somos rejeitados na vida. Seja em casa, no emprego ou mesmo nos relacionamentos. Não carregue a culpa pela rejeição quando lhe acontecer. Entenda o porquê de ter acontecido, ore pelos envolvidos e mantenha a fé em tempos melhores. Deus não fecha uma porta em vão.

Quanta emoção nos traz a Arca da Aliança. Pois saiba que a Arca da Aliança é Maria. É ela quem carrega Jesus no ventre, nosso Deus encarnado. Ave Maria, mãe de todos nós.

Arcanjo Gabriel, mensageiro do Senhor, interceda neste momento por este amado e por esta amada, que leem não as minhas, mas as palavras de Deus, junto ao Pai. Que ela, ele e eu sejamos mensageiros da paz, amor e esperança como você foi e sempre será.

Editora Planeta *Brasil* | **20 ANOS**

Acreditamos nos livros

Este livro foi composto em Adobe Jenson Pro
e impresso pela gráfica Santa Marta para a
Editora Planeta do Brasil em abril de 2023.